NOTICE

SUR LES

EAUX MINÉRALES NATURELLES

DE CRANSAC,

DÉPARTEMENT DE L'AVEYRON ;

Eaux Ferro-Manganésiennes et Calcaréo-Magnésiennes, sulfatées.

PAR

Le Docteur DUCOUX (de Blois),

DIRECTEUR DE L'ÉTABLISSEMENT.

2.e ÉDITION.

A PARIS,

DANS TOUTES LES LIBRAIRIES MÉDICALES.

BLOIS, IMPRIMERIE DE FELIX JAHYER.

1847.

A PARIS,

Le Dépôt central des EAUX DE CRANSAC se trouve, pour MM. les Pharmaciens et Droguistes, à l'*Entrepôt général des Eaux minérales naturelles*, rue des Billettes, 5;

Et pour le débit au public :

Chez MM. PAGE, Pharmacien, rue Coquillière, 27;

BLONDEAU, Pharmacien, rues de Condé, 22, et de Tournon, 17;

SERRADELL, Pharmacien, place de la Bastille, 207.

Les EAUX DE CRANSAC se trouvent aussi dans toutes les Pharmacies de province.

Les demandes doivent être adressées, aux Sources, à M. ANDRIEU, *pharmacien à Cransac, qui est chargé des expéditions.*

N. B. Chaque bouteille est coiffée d'une capsule indiquant la source.

Toutes les bouteilles et bouchons porteront les capsules, cachets et empreintes ci-dessous :

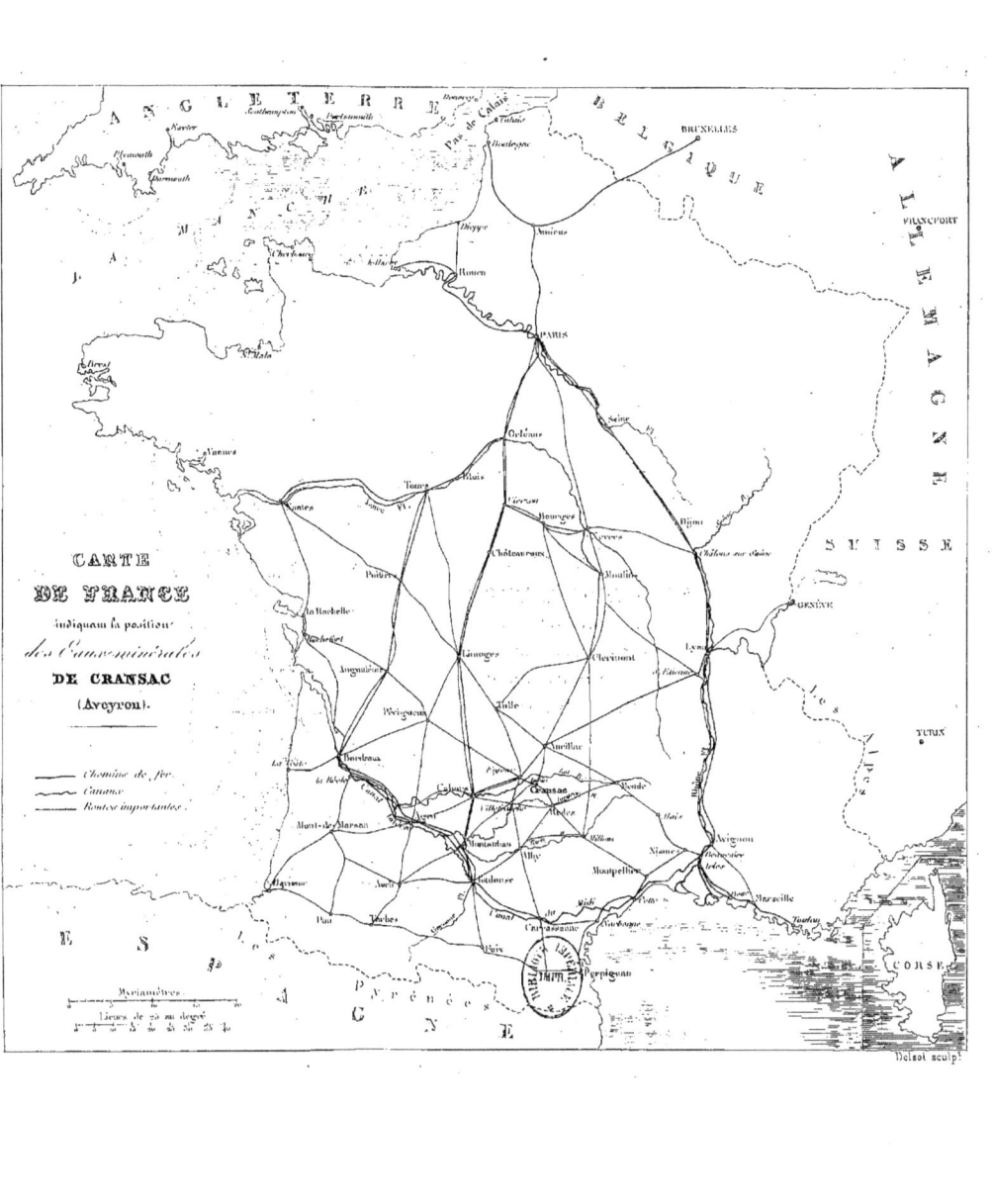

ITINÉRAIRE

DE PARIS AUX EAUX DE CRANSAC (Aveyron).

ROUTES DU CENTRE.

1. *Route de malle-poste.*

De Paris à Limoges (chemin de fer jusqu'à Vierzon et bientôt jusqu'à Limoges).

De Limoges par Tulle et Figeac à Cransac (diligence et courrier). Cette voie est la plus directe. Par le Limousin et le Quercy, trajet en 48 heures, 57 myriamètres.

2.° *Route de malle-poste.*

De Paris, par Limoges, à Cahors.

De Cahors, par Villefranche, à Cransac (diligence très rapide).

3.° De Paris à Tours (chemin de fer).

De Tours à Limoges (diligence et courrier). Cette route est commode et économique. Services directs et variés.

4.° *Route de malle-poste.*

De Paris, par Moulins, à Clermont-Ferrand.

De Clermont, par Rhodez, à Cransac. (Très rapide, infiniment pittoresque. Bourbonnais, Auvergne, Rouergue. Chemin de fer jusqu'à Bourges, 60 myriamètres.)

5.° *Route de malle-poste.*

De Paris, par Moulins, à Clermont-Ferrand.

De Clermont, par Aurillac, à Cransac (service de diligence et courrier de Toulouse, par l'Auvergne, Bourbonnais, Haute-Auvergne, route charmante par l'Alagnon).

ROUTES DE L'OUEST.

1.° De Paris à Tours (chemin de fer).

De Tours à Bordeaux (malle-poste, diligence, chemin de fer).

De Bordeaux à Agen (bateau à vapeur).

D'Agen, par Cahors, à Cransac. (Route infiniment commode, rapide et économique).

2.° De Paris, par Tours, à Bordeaux (chemin de fer).

De Bordeaux à Agen (bateau à vapeur).

D'Agen, par Montauban et Villefranche, d'Aveyron à Cransac (diligence).

ROUTES DE L'EST.

1.° De Paris à Châlons (malle-poste, chemin de fer).

De Châlons, par Lyon, à Beaucaire (bateau à vapeur).

De Beaucaire à Montpellier (chemin de fer).

De Montpellier, par Milhau, à Rhodez et Cransac (diligence et courrier).

2.° De Paris à Lyon (malle-poste, diligence).

De Lyon, par Beaucaire à Montpellier.

De Montpellier, par Rhodez à Cransac (diligence).

VOIES EXCEPTIONNELLES POUR LES MALADES NE POUVANT SUPPORTER LE MOUVEMENT DE LA VOITURE.

1.° De Paris au Hâvre (bateau à vapeur).

Du Hâvre à Bordeaux (bateau à vapeur).

De Bordeaux à Agen (bateau à vapeur).

D'Agen, par le Lot à Cransac (bateau particulier).

ROUTE PLUS LONGUE POUR LES MALADES VOULANT ÉVITER A LA FOIS AUTANT QUE POSSIBLE LE MOUVEMENT DE LA VOITURE ET LES FATIGUES DE LA MER.

1.° De Paris à Châlons (malle-poste, diligence, bientôt chemin de fer).

De Châlons à Beaucaire (bateau à vapeur).

De Beaucaire, par Toulouse à Montauban (bateau poste. Service régulier sur les canaux du Midi).

De Montauban à Cransac (une petite journée).

Nota. — Les routes royales et départementales qui rayonnent autour de Cransac et qui y conduisent, sont comparables aux plus belles routes anglaises.

Des relais de poste amènent les voyageurs des divers points à Cransac.

Cransac est desservi par le relai de poste de Decazeville, qui se trouve à proximité.

Tous les jours, deux diligences font le service entre Villefranche et Aubin, près Cransac, aller et retour.

CONSIDÉRATIONS GÉNÉRALES.

L'HYDROLOGIE minérale acquiert chaque jour une importance d'autant plus progressive qu'elle est, sans contredit, une des branches les plus intéressantes de la thérapeutique et l'auxiliaire le plus puissant de l'art de guérir. En effet, l'usage des eaux offre une série d'avantages qu'il serait impossible d'espérer de tout autre moyen curatif. Non-seulement les eaux agissent par la nature spéciale de leur composition, mais encore elles entraînent le malade au milieu de circonstances telles, que son état moral participe à tous les bienfaits qu'éprouve son état physique. Le changement d'air, les distractions du voyage, le commerce d'une société nombreuse et choisie qui accourt à chaque saison aux diverses sources dont l'expérience et quelquefois la mode ont popularisé l'usage, toutes ces causes, disons-nous, exercent sur l'état général des malades une influence salutaire : aussi le nombre des buveurs et celui des baigneurs croissent-ils dans une proportion considérable. Ajoutons que la facilité des communications et la commodité des transports viennent encore favoriser cette tendance, et qu'avant peu ces usages seront devenus pour tous un besoin tellement impérieux, qu'il n'y aura d'exception que pour ceux qu'arrêteront des obstacles insurmontables de temps ou de finances. Du reste, ceci n'est pas une des conquêtes de notre civilisation moderne : ce goût et ces usages ont été de tout temps répandus chez les peuples.

Pline nous apprend que les anciens avaient une telle foi dans l'efficacité des eaux minérales, qu'ils croyaient qu'une divinité tutélaire et amie des hommes présidait à la garde de chaque source.

On pourrait appliquer à l'action thérapeutique des eaux minérales l'excellente définition qu'on a donnée de l'art du médecin. *Elles guérissent quelquefois, soulagent souvent et consolent toujours.* Nous pourrions même ajouter que pour ceux qui ont le rare bonheur de n'avoir besoin passagèrement ni de guérison, ni de soulagement, ni de consolation, elles peuvent cependant offrir quelque utilité, car l'expérience a démontré que dans le nombre des eaux minérales, il en est qui ont le précieux privilége de préserver des épidémies régnantes et de prévenir l'invasion de maladies plus ou moins imminentes. C'est ainsi que l'eau de Sedlitz peut détourner ou pour le moins éloigner l'apoplexie, et que d'après les observations recueillies sur les lieux, l'usage des eaux de Cransac est un puissant prophylactique dans les dyssenteries épidémiques.

L'usage des eaux convient donc à tout le monde : mais à côté de cette loi générale d'hygiène et de thérapeutique, il est des considérations exceptionnelles dont les malades ne comprennent pas toujours la valeur, et qui ne sauraient cependant être omises sans danger pour l'existence. Nous n'en indiquerons ici, sommairement, que les plus importantes.

Quelle est la spécialité de telle ou telle source ? A quelle période des maladies leur usage est-il le plus convenable ?

Voilà, sans contredit, les deux questions principales à résoudre avant de se mettre en route pour tel ou tel établissement.

Il en est d'autres dont la solution importe également à la santé des buveurs, mais qui sont plus directement soumises à l'appréciation des médecins des établissements ; tels sont le mode d'administration des eaux, le choix du régime qui convient à leur action, le traitement approprié à la diversité des âges, des tempéraments, des sexes, en un mot, tout ce qui peut agir sur la santé, et influer sur le succès des moyens curatifs.

Toutes ces considérations doivent être, nous le répétons, spécialement abandonnées au jugement des gens de l'art qui, seuls, peuvent discerner les particularités de chaque cas exceptionnel qu'ils ont à traiter. L'usage immodéré ou intempestif des eaux minérales peut entraîner de fâcheux inconvénients, tandis que réglé avec intelligence et sagesse, ce moyen est certainement un des plus éfficaces que Dieu ait créé pour le soulagement des malades.

CHAPITRE I.er

Topographie de Cransac et de ses environs.

Le petit bourg de Cransac appartient au département de l'Aveyron. Il est à quarante kilomètres de Rodez et à trente-quatre de Villefranche, chef-lieu de l'arrondissement dont il fait partie. Il termine à l'est une délicieuse vallée qui va s'ouvrir à l'ouest sur la rive gauche du Lot; il domine au nord-ouest une série de coteaux et de vallons entremêlés, dont les riches prairies et les belles plantations forment une promenade admirable.

A trois kilomètres environ, et à l'est de Cransac, on trouve la petite ville d'*Aubin*, chef-lieu de canton, qui dort là depuis des siècles au milieu de richesses géologiques dont l'industrie moderne devait seule lui dévoiler le secret. Elle est adossée vers le nord à la pente méridionale d'une haute colline offrant plusieurs ondulations de terrain et coupée brusquement vers sa partie orientale, dans la direction de Cransac, par un rocher à pic sur le sommet duquel se dressent orgueilleusement deux vieilles tours de forme romaine que la tradition attribue à un des concurrents de l'empereur Septime-Sévère, nommé *Albinus*, d'où semble dériver le nom d'Aubin.

L'aspect général du pays est des plus pittoresques. De tout côté l'horizon est borné par des collines fraîchement revêtues de vignes, de châtaigneraies, de champs de maïs qui, jetés pêle-mêle sur les versants des coteaux, composent un des plus riants paysages qu'on puisse imaginer.

Une route nouvelle joint Aubin à Cransac; cette amélioration était vivement désirée depuis longtemps. MM. Patissier et Boutron, dans leur excellent *Manuel des eaux minérales naturelles*, signalaient, avec raison, l'achèvement de cette route comme une des conditions indispensables à la *prospérité des eaux salutaires* de Cransac. Pour témoigner de l'intérêt public qui se rattache à ces sources, le conseil général du département de l'Aveyron a classé cette route comme déparmentale.

La route de Cransac rampe au pied des collines qui abritent au nord la vallée d'Aubin. Elle imite dans ses capricieux détours le petit ruisseau d'Aune qui coule vers l'ouest où il va se perdre dans le Lot. Entre Aubin et Cransac, on rencontre l'entrée des tunnels que deux administrations industrielles, celles de Decazeville et des forges d'Aubin, ont pratiqués sous les montagnes pour aller chercher, dans les entrailles de la terre, le précieux combustible dont les couches épaisses composent presque exclusivement les terrains de cette riche contrée. Le tunnel de Decazeville a un parcours de cinq kilomètres, il réunit les deux vallées que sépare la chaîne montagneuse comprise entre Decazeville et Aubin.

Un chemin de fer, destiné à l'exploitation de l'usine, occupe le fond de ce tunnel, qui débouche, ainsi que nous l'avons dit, sur la route de Cransac, en face des forges d'Aubin. Ce nouvel établissement appartient à une compagnie puissante qui compte, dans son sein, de riches capitalistes et d'habiles ingénieurs dont la fortune et le talent lui assurent, par leur association, un développement complet et une direction intelligente.

Le mouvement industriel qui anime déjà ce beau pays va recevoir une nouvelle impulsion et prendre un essor tout-à-fait exceptionnel en France; une usine de réduction pour le plomb et le cuivre va être encore fondée à l'ouest d'Aubin, dans la vallée qui conduit au Lot.

Enfin, pour compléter le tableau industriel de ce pays, on réorganise sur une plus large échelle, une verrerie située sur le Lot, à l'extrémité occidentale de la vallée que nous décrivons, de sorte que dans un espace de quelques kilomètres carrés, on trouvera deux grandes forges dont une, celle de Decazeville est la plus considérable de France, une usine de réduction, une verrerie, et dans un autre genre d'exploitation, l'établissement des eaux minérales de Cransac qui va nécessairement participer à l'impulsion commune, et recevoir, dans un avenir prochain, l'extension que mérite la vertu de ses sources. Ce ne sera pas le moindre des bienfaits que ce canton devra à la généreuse initiative de M. de Seraincourt, propriétaire actuel des sources de Cransac, et nous sommes personnellement heureux d'avoir pu nous associer, dans la limite de nos modestes efforts à l'accomplissement d'un résultat aussi éminemment désirable.

Pour les touristes, avides d'impressions, cette contrée offre plus d'un spectacle digne de leur admiration enthousiaste. Il en est un, surtout, dont nous ne perdrons jamais le souvenir, tant il a vivement frappé notre esprit. C'est celui qu'offrent les forges d'Aubin et de Decazeville, vues la nuit. Pendant le jour, une fumée noire et épaisse couvre d'un voile presque impénétrable ces immenses ateliers où le génie de l'homme se révèle dans toute sa virilité. On admire la régularité des travaux, l'habileté des travailleurs; mais le mécanisme de la forge, l'ardente activité des fourneaux, la fusion du minerai et la diversité des transformations qu'il subit avant d'arriver à son état commercial; toutes ces choses, disons-nous, curieuses à plus d'un titre, ne sont rien auprès de l'incomparable spectacle dont on reste frappé quand, la nuit, on aperçoit, des hauteurs, les mille feux des fourneaux et des forges de ces deux grandes usines. L'impression est d'autant plus vive que le voyageur est moins préparé à la recevoir. A l'obscurité profonde qu'entretiennent sur les routes environnantes le feuillage épais des châtaigniers, l'escarpement des montagnes, les sinuosités du chemin, succède tout-à-coup un océan de lumières, disséminées sur un plan qui, la nuit, semble n'avoir pas de limites : ces feux, d'abord confus à l'horizon, et tour-à-tour apparents ou cachés, suivant les accidents de la route par laquelle on arrive, se dessinent bientôt en lignes parallèles : on dirait alors l'immense bivouac d'une grande armée, ou la halte nocturne d'une nation qui émigre.

A mesure qu'on approche, le tableau change sans cesser d'offrir une sublime magnificence. Les bâtiments éclairés par le reflet des flammes revêtent des formes bizarres et fantastiques ; on dirait une ville, avec ses édifices, consumée par un effroyable incendie. Les chants des ouvriers, le pétillement des flammes, le choc des marteaux, des enclumes, tous ces bruits réunis composent une confusion étrange de sons qu'on pourrait comparer au mugissement des vagues de l'Océan pendant une nuit d'orage, ou aux clameurs d'une foule nombreuse, impatiente de quelque grand événement.

Il nous est impossible de rendre toutes les sensations que l'ame éprouve. Dans la plupart des descriptions, la pompe des mots couvre la pauvreté des images ; ici, ce sont les expressions qui nous manquent pour être peintre fidèle : nous devons avouer notre impuissance. Bornons-nous à dire que la vallée tout entière présente, pendant la nuit, une des plus belle illuminations que l'art puisse produire.

A côté de ces merveilles du génie de l'homme, la nature a placé des curiosités qu'on chercherait vainement ailleurs.

En face du village de Cransac, bâti en amphithéâtre sur le versant du coteau qui ferme au sud la vallée d'Aubin, et à trois cents mètres environ au-dessus de la source principale des eaux minérales, est un pic de la montagne, nommé le *Montet*, qui brûle depuis des siècles. La fumée qui s'échappe sans interruption de ses flancs embrâsés, présente quelques variations d'intensité, suivant que le feu se rapproche ou s'éloigne des couches superficielles de la montagne. C'est le Vésuve en miniature, moins ses dangers, car le *Montet* est un voisin inoffensif autant que curieux à visiter. On a profité de cette ignition permanente pour pratiquer dans la montagne des excavations souterraines qui constituent des étuves d'un genre tout-à-fait

exceptionnel et qui sont journellement fréquentées par les rhumatisants et les paralytiques. La température y est de 31 à 48° centigrades.
« Elles seraient fréquentées davantage, disent MM. Patissier et Boutron, dans l'ouvrage que nous avons déjà cité, si le malade en sueur trouvait à sa sortie un bon lit pour se reposer, et s'il n'était pas obligé de s'exposer aux intempéries de l'air, en traversant le vallon pour gagner son logement. »

Nous espérons que cette amélioration ne se fera pas attendre, et qu'avant peu Cransac recevra le développement qu'il mérite. Nous avons pu juger, sur les lieux, des vifs désirs qu'ont les populations de Cransac et d'Aubin, de voir prospérer un établissement dont le défaut de routes a seul paralysé, jusqu'à présent, l'extension, mais qui aujourd'hui, placé sous le double patronage des habitants du pays et de l'administration supérieure, ne peut rester en arrière du mouvement général qui l'entraîne, ni au-dessous de la réputation qu'il mérite.

Déjà, le conseil général de l'Aveyron avait exprimé le vœu que le gouvernement fondât à Cransac un hôpital militaire, destiné principalement aux convalescents de notre armée d'Afrique et de nos colonies des Indes-Occidentales ; M. le maréchal président du conseil accueillit favorablement ce vœu qui a été réitéré cette année. Le conseil général, éclairé par de nouveaux faits sur l'efficacité incontestable des eaux de Cransac dans une foule de maladies, a demandé qu'une commission fût nommée par le gouvernement, pour vérifier les effets curatifs de ces eaux.

Il est d'autant plus à souhaiter que ce vœu reçoive un prompt accomplissement, que l'admirable analyse des eaux de Cransac, par MM. Henry et Poumarède, a révélé, dans ces eaux, la présence d'un sel rare dans la nature et encore nouveau en thérapeutique, et qui semble jouer un grand rôle dans leur efficacité.

L'Académie royale de Médecine, qui avait ordonné ces études et qui a entendu le rapport de l'habile directeur de ses travaux chimiques, doit être elle-même impatiente de recueillir des documents susceptibles de fixer son opinion et d'élargir le domaine de la science. Voilà plus de motifs qu'il n'en faut pour que cette question soit promptement résolue.

Les difficultés de communication n'existent plus aujourd'hui ; l'industrie, aidée de l'intelligente et patriotique administration de M. le préfet du département de l'Aveyron, a sillonné ce pays de routes qui le traversent dans toutes les directions. Aujourd'hui, Cransac est accessible à tous les points de la France.

Autour de la petite ville d'Aubin, rayonnent les routes de Tulle, Rodez, Aurillac, Villefranche, Cahors. Des services de dépêches et des diligences communiquant entre ces diverses localités, la traversent tous les jours. Les grandes usines dont nous avons parlé ont appelé un surcroît de population, et y font affluer des capitaux nombreux qui compléteront la transformation de la vallée d'Aubin beaucoup plus vite que ne l'a été le bassin de Decazeville, où tout était à créer, dans un temps où l'industrie marchait encore d'un pas chancelant.

Jusqu'à présent les départements de l'Aveyron, du Tarn, du Tarn-et-Garonne, du Lot et du Cantal ont composé presque exclusivement la clientèle des sources de Cransac. Désormais, les malades y arriveront de tous les points de la France et même des pays étrangers, car la publicité qui tue les choses mauvaises, propage et garantit le succès des choses bonnes.

Cette année-ci, les registres de l'établissement

constatent la présence de 2,260 buveurs étrangers, qui ont fréquenté les sources depuis le mois de juin jusqu'à la mi-septembre. A ce nombre, il faut ajouter 1,600 buveurs environ, fournis par la population de la vallée et des montagnes voisines, lesquels viennent journellement boire les eaux, ce qui porte à près de 4,000 le chiffre total des personnes qui boivent chaque année les eaux de Cransac, à leurs sources.

Le petit bourg de Cransac a peine à contenir le nombre des buveurs pendant la saison des eaux. Plusieurs propriétaires ont distribué leurs maisons de façon à offrir quelques logements passables, mais le nombre en est restreint, et les plus aisés d'entre les buveurs couchent à Aubin, où ils trouvent plus facilement les commodités de la vie. C'est un inconvénient qui disparaîtra infailliblement. Des hôtels et des auberges, appropriés aux besoins et à la fortune de chaque classe, remplaceront bientôt les logements actuels, aussi insuffisants qu'incommodes. C'est une des premières améliorations à introduire près des sources; car, bien que les eaux de Cransac ne perdent, par l'exportation, aucune des propriétés énergiques qu'elles possèdent, il est rationnel de satisfaire la juste impatience des malades qui désirent venir, aux sources mêmes, chercher des distractions et la santé.

CHAPITRE II.

Histoire et analyse des sources minérales de Cransac.

Les sources d'eaux minérales, sourdent les unes au pied, les autres à mi-côte de la colline embrâsée faisant face au village de Cransac ; elles sont au nombre de cinq. On les distingue communément, soit d'après leur position, en source *haute* ou *basse ;* soit d'après leur composition, en source *forte* ou *douce ;* soit, enfin, par les noms de leurs anciens propriétaires, en sources *Bezelgues* et *Richard.*

« La célébrité des eaux de Cransac remonte à une époque fort reculée, dit le professeur Alibert, qui était originaire des ces contrées ; elles étaient déjà avantageusement connues en l'an 900, c'est-à-dire la troisième année du règne de Charles-le-Simple. Elles furent données à cette époque, par une pieuse dame, aux moines de Conques, comme il conste d'après une charte de cette ancienne abbaye, déposée aujourd'hui aux archives de Rodez. »

Indépendamment de ces sources dont la température n'a jamais varié, il y avait autrefois dans les environs, probablement au pied des montagnes qui ont brûlé, des sources thermales : c'est du moins ce qui semble résulter d'un ouvrage publié en 1605, par Jean Banc, médecin de Moulins, qui a traité des eaux de Cransac dans lesquelles on venait, dit-il, prendre des bains bienfaisants.

En 1686, Mathurin Dissès, médecin de Villefranche, publia, sur l'efficacité des eaux de Cransac, un opuscule dont nous extrayons le passage suivant :

« La réputation que les eaux de Cransac se sont acquise dans toutes les provinces circonvoisines est une marque infaillible de leur bonté. Le transport qu'on en fait continuellement dans divers pays, le grand abord des peuples qui viennent de toutes parts dans ce lieu, est une preuve incontestable de leurs rares vertus ; tant de personnes de l'un et l'autre sexe qui viennent et s'attroupent dans ce lieu, font voir les rares qualités de ces eaux. »

Quinze ans plus tard, un chimiste renommé,

Lemery, publia, sur la nature des eaux de Cransac, un travail qui est plutôt un résumé de l'état de la science à cette époque, qu'une analyse réelle des sources qu'il représente comme étant *vitrioliques*.

En l'an XIII, un médecin qui a laissé dans le pays une haute réputation de savoir, M. Murat, alors inspecteur des eaux minérales de Cransac, fit imprimer à Rodez, par ordre du préfet de l'Aveyron, un opuscule intitulé : *Topographie physique et médicale du territoire d'Aubin, et analyse des eaux minérales de Cransac.*

Cette brochure fut long-temps considérée comme le meilleur ouvrage sur ces eaux; et lorsque Alibert publia, en 1808, la première édition de ses *Eléments de thérapeutique*, auxquels il ajouta son *Précis sur les eaux minérales*, cet illustre professeur ne put que s'en référer à l'analyse de son compatriote qui était, en effet, malgré ses imperfections, beaucoup moins incomplète que celle de Lemery. Nous aurons occasion de parler de cet ouvrage dans notre chapitre des propriétés curatives des eaux de Cransac.

Vauquelin examina plus tard le résidu formé par l'évaporation de l'eau d'une source trouvée en 1811, et peu fréquentée par les malades.

MM. Patissier et Boutron, lors de la publication de leur *Manuel*, ne connaissaient que les analyses de Vauquelin et celle que fit, en 1820, M. Victor Murat. Elles sont défectueuses, toutes laissaient beaucoup à désirer, et l'intérêt général réclamait un travail qui fût, enfin, à la hauteur des progrès de la science actuelle.

Ce travail a été confié à deux hommes dont les noms sont la meilleure recommandation qui puisse être invoquée en faveur de cette dernière analyse. M. O. Henry, chef des travaux chimiques de l'Académie royale de Médecine, l'un des chimistes les plus distingués de notre époque, et M. Poumarède, préparateur au laboratoire de l'Académie, chargés spécialement de l'analyse chimique des eaux minérales de Cransac, présentèrent leur rapport dans la séance de l'Académie royale de Médecine du 2 juin 1840; ce rapport, dans lequel sont énumérés avec soin les divers procédés ou réactifs employés par ces Messieurs, est un modèle des travaux de ce genre. Nous ne pouvons mieux faire que de reproduire textuellement les extraits de ce rapport inséré dans le *Bulletin de l'Acadé-*

mie royale de Médecine, tome V, n.° 17, mois de juin 1840.

Analyse qualitative.

« Les eaux de Cransac sont incolores, inodores, d'une saveur plus ou moins styptique; elles rougissent toutes le papier de Tournesol, avec plus ou moins d'intensité elles coulent, à la température de 10 à 12° centigrades.

Le village de Cransac possède deux classes d'eaux minérales bien distinctes et qu'on n'a jamais confondues : 1.° des eaux minérales qu'on a toujours prises, même à de très fortes doses, que nous appelons *médicinales*, sans que jamais on ait eu à signaler aucun accident; 2.° et d'autres qui, sans importance jusqu'à ce jour, sous le rapport médical, sont signalées dans la contrée comme ayant occasionné quelques effets vénéneux, et que, d'après les résultats de notre analyse, nous avons cru devoir désigner sous le nom de *toxiques*.

SOURCES MÉDICINALES.

Source haute ou forte (Richard).

« Cette source est au nord-ouest de Cransac,

sur un point assez élevé de la colline, près d'un groupe de maisons portant le nom de *la Pélonie*.

» L'eau de cette source est celle qui nous a présenté les résultats les plus curieux ; c'est aussi celle que les médecins désignent comme la plus active.

» Elle n'offre rien de bien particulier danss es propriétés physiques, si ce n'est une saveur assez fortement styptique qui, cependant, n'est pas très désagréable au goût. Les réactifs y indiquent du fer au maximum d'oxidation, dont elle laisse déposer une partie à l'état de sous-sulfate, par l'action d'une température qui peut varier de 50 à 100°.

» Voici les résultats de l'analyse de cette source :

Sulfate de manganèse. . . .	1,55
— de fer.	1,25
— de magnésie.	0,99
— d'alumine.	0,47
— de chaux.	0,75
Silice.	0,07
Eau pure.	994,92
	1000,00

Source douce ou basse (Richard).

« Cette source, située au nord et à une centaine de mètres de distance de Cransac, est la première que l'on trouve en remontant le vallon ; il paraît que l'expérience l'a désignée depuis long-temps comme la plus efficace dans un grand nombre de cas ; aussi réunit-elle à elle seule beaucoup plus de malades que toutes les autres ensemble :

» Voici sa composition :

Sulfate de chaux..........	2,43
— de magnésie.....	2,20
— d'alumine........	1,15
— de fer...........	0,15
— de manganèse....	0,14
Matière organique, noire, bitumineuse..........	0,02
Silice...............	0,02
Eau pure.............	993,89
	1000,00

Autre source qui sert à laver les bouteilles.

« Cette source coule dans le même pavillon que la source dont il vient d'être question. Elle n'est employée aujourd'hui qu'à laver les bouteilles, mais elle a dû être fort en vogue autrefois ; car le chevalier de Jaucourt rapporte que de son temps, on puisait les eaux à deux fontaines qui n'étaient qu'à six pieds l'une de l'autre, et ces deux fontaines ne peuvent être que celle-ci et la précédente : toujours est-il que leur composition varie quant à la nature et la quantité des principes.

» Nous nous sommes bornés, pour cette source, à un examen qualitatif.

» Le résidu d'évaporation était formé de :
Sulfate de magnésie,
— de chaux,
— d'alumine,
— de manganèse.

Nota. Le sulfate de manganèse domine.

Source basse (Bezelgues).

« L'eau de cette source qu'un certain nombre de malades boivent journellement, d'après quelques habitants de Cransac, n'a jamais été analysée

Elle est formée de :

Sulfate de magnésie.	1,12
— de manganèse. . . .	0,41
— de chaux.	1,21
— d'alumine.	0,95
Eau pure.	996,31
	1000,00

Source basse (Bezelgues), *qui ne sert qu'à laver.*

» L'eau de cette source coule dans le même pavillon que la source précédente : les personnes avec lesquelles un de nous s'est trouvé en relation à Cransac pensent que c'est celle que Vauquelin a analysée ; elle nous a présenté sensiblement la même quantité que la précédente, de plus, une quantité assez appréciable de sulfate de fer. Vauquelin y a aussi constaté les sulfates de magnésie, de chaux, d'alumine et de manganèse ; mais il n'y a point indiqué de fer, ce qui nous porte à penser que c'est plutôt l'eau de la source Bezelgues que les malades boivent aujourd'hui, qu'il a analysée, et non celle dont il vient d'être question ici.

Eaux Toxiques.

» Nous réunissons dans cette classe les eaux

des diverses sources de Cransac, qui nous ont paru pouvoir déterminer, par la nature des principes qu'elles renferment, des effets toxiques plus ou moins graves, prises intérieurement à doses de quatre cents à cinq cents grammes. L'expérience a du reste prononcé pour quelques unes de ces sources. Ainsi, les sources hautes Bezelgues nous ont été signalées par plusieurs personnes, comme ayant occasionné tous les symptômes d'un empoisonnement, et la mort chez des malheureux qui en avaient fait usage sans discernement, jugeant sans doute de leur efficacité par leur saveur désagréable, ou bien encore, pour épargner les quelques sous qu'il faut donner pour boire pendant plusieurs jours celles qui sont employées.

. . . .

» C'est aux grandes proportions de sulfate de sesquioxide de fer qu'il faut attribuer les effets toxiques de ces eaux de Cransac. »

Nous croyons pouvoir nous abstenir de reproduire, dans cette notice, l'analyse que MM. Henry et Poumarède donnent de ces eaux malfaisantes, car nous n'avons voulu nous occuper que des eaux médicinales, et les sources toxiques n'entrent pas dans cette catégorie.

Cependant elles ont, pour l'usage externe, quelques propriétés curatives dont nous parlerons dans notre dernier chapitre.

Résumé présenté par MM. Henry et Poumarède.

« Il résulte de notre analyse :

» 1.° Que les eaux de Cransac où l'on avait indiqué du gaz acide carbonique et des carbonates, ne contiennent point de traces de ces deux produits. Elles ne renferment que des sulfates, anomalie qui se conçoit quand on sait qu'elles arrivent à la surface du sol après avoir traversé des couches volcanisées.

» 2.° Que quelques eaux de Cransac, que l'on boit journellement, contiennent beaucoup plus de fer que des sources désignées jusqu'à ce jour comme très ferrugineuses.

» 3.° Que la plupart des eaux de Cransac rougissent le tournesol et que cette action est due aux per-sulfates qu'elles contiennent, celui d'alumine et celui de fer.

» 4.° Que ces eaux renferment, en assez forte proportion, deux sels qu'on n'avait que très rarement admis tout formés dans la nature, le sulfate de sesquioxide de fer et le sulfate de manganèse.

» 5.° Que le sulfate de manganèse paraît jouer un rôle important dans leurs propriétés médicinales, car, quoi qu'il soit vrai de dire que la plupart des eaux minérales de Cransac contiennent également des sulfates de fer et de manganèse, il en est deux cependant dont on ne saurait nier les effets, qui ne renferment point de fer, tandis que nous y avons constaté le sulfate de manganèse en quantité assez notable. »

» Nous trouvons dans le tome XI, février 1846, du même bulletin académique, un nouveau rapport présenté par M. Henry au nom de la commission des eaux minérales composée de MM. de Lens, Patissier, Martin-Salon et Boullay.

» Dans ce rapport, que l'auteur appelle *Coup-d'œil général, et résumé sur l'état actuel des eaux minérales naturelles considérées sous le point de vue chimique*, M. Henry passe en revue les différentes espèces d'eaux minérales naturelles dont l'expérience a consacré l'usage. En parlant des eaux ferrugineuses naturelles qui comprennent les sources de Cransac, il fait une description générale que nous devons reproduire ici afin d'établir la différence qui existe, chimiquement, entre les eaux de Cransac et celles qui semblent le plus s'en rapprocher.

Laissons parler M. Henry :

« Les eaux ferrugineuses sont très répandues à la surface du globe. Limpides à leur point d'émergence, d'une saveur atramentaire plus ou moins prononcée, elles perdent à l'air leur transparence et se couvrent d'une pellicule irrisée : dans leur trajet, elles se troublent, et laissent déposer une poudre rouge ocracée qui tapisse les bords des conduits qu'elles parcourent et le fond des bassins qui les reçoivent. Ces eaux donnent avec le tannin une coloration noire, grisâtre, bleuâtre, ou lie de vin, suivant la proportion de fer qui les minéralise. La quantité d'éléments ferrugineux y est assez variable et souvent très minime. Ainsi, il est des eaux de ce genre où, par litre, il ne s'élève qu'à 0,05 ou 03, et cependant la présence du fer s'y fait encore parfaitement reconnaître ; d'autres sont beaucoup plus chargées de ce principe.

» La température des eaux ferrugineuses est ordinairement basse, celles qui jouissent d'une certaine thermalité forment d'assez rares exceptions......

» La nature très altérable des eaux ferrugineuses ne permet pas toujours de les transporter au loin. L'agitation, l'air introduit dans les vases pendant le puisement, la lumière, réagissent sur les protosels, dissous primitivement, et les font passer à l'état de sels sesqui-oxidés, la plupart du temps insolubles. Il en résulte que beaucoup d'eaux ferrugineuses transportées arrivent au loin ou tout-à-fait ou en partie dépouillées de leur principe ferrugineux, qui, devenu insoluble, se sépare et se précipite.

» Le fer dans les eaux martiales est tenu en dissolution par divers agents; c'est ce qui forme autant d'espèces distinctes d'eaux ferrugineuses. Ainsi, tantôt c'est l'acide carbonique, tantôt c'est l'acide sulfurique, ou bien un acide organique particulier auquel on a donné le nom d'acide crinique; enfin, quelquefois l'un et l'autre de ces agents. Les eaux se divisent alors en *carbonnatées, sulfatées, crénatées.*

» Quoique identiques pour le principe minéralisateur, ces espèces diffèrent cependant beaucoup entre elles.

» Les eaux ferrugineuses carbonatées, au nombre desquelles on peut ranger celles de Bussang, de Spa, d'Oriol, de Châteauneuf dans la Creuse, etc., sont très limpides à leur sortie du sol, mousseuses et aigrelettes au goût; exposées à l'air, à la lumière, à l'action de la chaleur, elles se troublent très promptement et laissent déposer une poudre rouge ocracée de sesqui-oxide ferrique. La partie liquide ne retient plus alors que quelques traces de carbonate ferreux. Intactes, elles donnent, comme toutes les eaux chargées de protosels de fer, un précipité bleu avec le cyano-ferrure rouge de potassium, et un dépôt violet d'or réduit avec les sels d'or solubles.

. . . .

» Les eaux *ferrugineuses sulfatées* comprennent en première ligne celles de Passy et celles de Cransac, du département de l'Aveyron. Elles paraissent formées dans des schistes piriteux.

Ces eaux sulfatées sont ordinairement bien plus riches en fer; leur saveur martiale est fort styptique ou su crée; exposées à l'air, elles perdent aussi leur transparence, mais plus lentement que les variétés précédentes. Une particularité caractéristique des eaux de Cransac, c'est que les malades boivent ces eaux avec une grande facilité et sans aucun inconvénient, malgré l'énorme proportion de sels de fer et de manganèse qui les minéralisent, puisque quelques unes de ces sources en renferment jusqu'à deux grammes; tandis que dans la plupart des cas, une eau ferrugineuse, contenant un décigramme ou un demi-décigramme de l'élément ferrugineux, a déjà une saveur des plus atramentaires. A quoi peut-on attribuer cette propriété des eaux de Cransac ? Ne serait-ce pas comme l'a pensé M. Poumarède dans son travail sur les sulfates doubles de fer (sulfate ferroso-ferrique), véritables aluns de fer, à ce que les eaux de Cransac sont minéralisées par des composés de cette nature ?

» A côté des sels ferrugineux, on trouve presque toujours quelques composés de manganèse en proportions ordinairement fort minimes ; mais à Cransac ces sels y existent en quantités presque égales à celles du produit ferrugineux et constituent des eaux qu'on pourrait appeler *ferro-manganésiennes*. Dans l'une des sources mêmes de cette localité, le sel de manganèse est tout-à-fait prédominant. Il y a là un nouveau sujet de recherches à faire sous le point de vue médical et qu'il nous a paru convenable de signaler. »

Il résulte des termes si nets et si précis de ce rapport, que les eaux de Cransac, les plus ferrugineuses que l'on connaisse, réunissent au plus haut degré les conditions favorables, soit pour l'exportation, soit pour l'usage interne des malades. Il est facile de comprendre pourquoi les eaux de Bussang, de Spa, d'Oriol, de Marienbad, et toutes celles qui, comme ces dernières, appartiennent à la classe des carbonatées, sont toujours surchargées d'un dépôt boueux formé au dépens des sels actifs qui constituent leurs propriétés. *L'acide* carbonique exposé *à l'air, à la lumière, à l'action de la chaleur,* se sépare des sels de fer avec lesquels il composait des carbonates, et ces sels retombent au fond des bouteilles, en privant la partie liquide de toutes ses richesses minérales.

Si les eaux de Cransac se comportent autrement, c'est qu'il est bien démontré aujourd'hui qu'elles ne contiennent pas la moindre trace d'acide carbonique. Dans toutes, même dans celles dont les malades ne font jamais usage, les principes minéralisateurs sont tenus en dissolution par des sulfates acides qui expliquent la belle limpidité de ces eaux, lesquelles sont ainsi les seules que l'on puisse transporter au loin, sans qu'elles perdent, en aucune manière, soit leur transparence, soit leurs propriétés énergiques. Les malades peuvent donc, s'ils le veulent, éviter les frais et les fatigues d'un voyage à la source; ils sont assurés de recevoir chez eux, en toute saison et en tout pays, des eaux médicinales d'une activité supérieure, d'une richesse minérale incomparable. Les Européens qui s'étiolent et périssent loin de la mère-patrie, sous le soleil des Indes ou des Antilles, pourront désormais trouver un remède souverain à la plupart des maladies qui les déciment chaque année, sans craindre pour l'efficacité de ce remède les influences de la plus longue traversée.

Cette propriété si précieuse des eaux de Cransac est, du reste, exploitée depuis long-temps par des spéculateurs de quelques départements limitrophes, qui, chaque année, viennent remplir aux sources, des vases de toute forme et de toute espèce, qu'ils vont colporter ensuite chez les pharmaciens ou chez les malades du midi de la France. La mauvaise foi, autant que l'ignorance et la routine, ont jusqu'à présent présidé à ces spéculations. En effet, sur 90,000 litres d'eau puisés cette année à la source basse Richard, plus de 60,000 ont été versés dans des barriques. Or, on vient de voir, dans le rapport de M. Henry, que les eaux ferrugineuses donnent avec le tannin une coloration *noire*, *grisâtre* ou *lie de vin*; il résulte donc de cette loi chimique

que les eaux transportées dans des récipiens en bois forment, avec le tannin de ce bois, une espèce d'encre qui n'a pas, il est vrai, de propriétés malfaisantes, puisque c'est du tannate de fer, mais qui peut répugner au buveur. Du reste, là n'est pas le seul inconvénient de ce mode de transport. La fraude est le but réel de ces spéculateurs nomades, qui renouvellent, pour leurs barriques d'eaux de Cransac, les miracles de quelques fabricans de vin de Paris, en coupant l'eau minérale naturelle avec deux et trois fois son volume d'eau ordinaire, de sorte que 12 ou 15,000 personnes, dupes de cette friponnerie, consomment sans profit ce qui serait profitable à 4 à 5,000 buveurs.

Le seul moyen de prémunir la santé publique contre de semblables manœuvres était de défendre le puisage aux sources dans des barils. C'est la décision que vient de prendre l'administration actuelle des eaux de Cransac, qui ne permettra dorénavant l'exportation que dans des bouteilles ou des cruchons hermétiquement fermés et scellés du cachet de l'établissement. Elle exporte pour son compte, dans des bouteilles coiffées d'une capsule en étain, sur laquelle est gravée la désignation de la source. Deux sources seulement servent à la consommation des buveurs : celles dites source haute et source basse de Richard. Nous dirons, dans le chapitre suivant, quels sont leurs effets physiologiques.

CHAPITRE III.

Action physiologique des eaux minérales de Cransac.

L'analyse fait suffisamment pressentir quelle action doivent avoir sur l'économie animale les eaux médicinales de Cransac. Minéralisées par des sels de fer, de manganèse, de magnésie, de chaux et d'alumine, elles ont nécessairement des propriétés toniques et purgatives, et les hommes de l'art qui liront cet opuscule n'ont qu'à se rappeler ces bases pour expliquer, par déduction logique, l'efficacité de ces eaux dans le traitement des diverses maladies dont l'énumération terminera cette notice. L'action spéciale du sulfate de manganèse, cet agent nouveau en thérapeutique, ne peut être facilement discernée des effets généraux des sels qui l'accompagnent; cependant il nous sera peut-être possible de signaler quelques faits qui tendraient à laisser reconnaître des propriétés qui lui sont particulieres.

Ainsi que nous avons déjà eu l'occasion de le dire, il n'y a que deux sources fréquentées par les malades, et dont on exporte les eaux.

La plus fréquentée est la source basse Richard; elle fournit 100 litres à l'heure, soit 2,400 litres par jour, ou 870,000 litres par année. Elle suffit donc largement aux exigences de sa réputation.

Voici ce que dit de son action physiologique le docteur Victor Murat, neveu de l'ancien inspecteur dont nous avons parlé, et auteur d'une Notice intéressante dont il publia une deuxième édition en 1843, peu de temps avant sa mort qui fut pour la contrée une perte dont chaque habitant ressent encore aujourd'hui l'importance.

« Bue par verres, à la dose de deux ou trois litres, durant les premières heures de la matinée, l'eau de la source douce produit sur l'estomac une légère excitation; le cours des urines est augmenté. Au bout de peu de jours, l'appétit devient plus vif, la digestion plus facile, plus prompte, le pouls plus fort; toutes les fonctions l'exécutent avec plus de facilité, de régularité, et l'on éprouve un sentiment de bien-être, d'agilité, que l'on ne ressentait point auparavant.

» Prise à une dose plus forte, on observe d'autres phénomènes : cinq à six litres d'eau produisent ordinairement de dix à douze selles dans la journée, plus ou moins, suivant le tempérament et la disposition actuelle.

» A cette dose, elles occasionnent quelquefois un sentiment de pesanteur à l'estomac, et même des vomissements. Alors on en modère la dose, ou bien on la mitige en y ajoutant du bouillon de veau, du petit lait, ou tout autre correctif. »

L'eau de la source haute est aussi abondante que celle de la source douce. « Bue à la dose de trois ou quatre verres tous les matins, elle rend l'appétit plus vif, active la digestion; par son usage les selles deviennent plus rares, plus consistantes; s'il existait quelque écoulement hémorragique sans fièvre, on le voit diminuer peu à peu; le pouls devient plus fort, plus fréquent, quelquefois même fébrile chez les personnes douées d'un tempérament très irritable. Continuée durant un temps suffisant, l'eau de la source forte donne à toutes les fonctions un nouveau rhythme; la nutrition se fait mieux, les fluides, sécrétés en trop grande quantité, diminuent de jour en jour, et sont mieux élaborés ; les chairs prennent plus de consistance ; le teint devient plus frais, plus coloré ; on se sent plus fort, plus dispos : tout annonce que l'organisme a reçu une forte excitation. »

Ces deux sources présentent, on le voit, des différences assez marquées dans leur action physiologique. Tandis que la source douce est presque essentiellement purgative, la source forte est au contraire tonique, astringente ; elle arrête les selles, les hémorragies passives ; en un mot, elle tonifie l'économie tout entière et révèle son action par des effets énergiques. La diversité de ces effets s'explique très bien par la diversité dans la composition chimique. La source basse contient deux fois plus de sulfate de magnésie et de chaux que la source haute qui, de son côté, contient huit fois plus de sulfate de fer et dix fois plus de sulfate de manganèse. Or, ces deux derniers sels sont essentiellement toniques, tandis que les premiers sont essentiellement purgatifs.

La plupart des buveurs que nous avons interrogés sur les lieux, ont l'habitude de regarder la source haute comme la succédanée de la source basse ; ils en boivent un ou deux verres après avoir bu cinq à six verres de l'autre, pour *la faire couler,* disent-ils ; c'est pour eux le coup du milieu.

Ces deux sources, par l'abondance des principes ferrugineux et des sels purgatifs qu'elles renferment, trouvent naturellement leur application dans le traitement de toutes les maladies qui ont pour cause et pour symptômes dominants un apauvrissement du sang auquel les eaux médicinales de Cransac rendent les globules rouges qui lui manquent. De plus, par leur action énergique sur l'état digestif, elles constituent un dérivatif puissant, et remplissent ainsi, par cette double action, des indications nombreuses. La source haute est un des plus puissants hémostastiques que nous connaissions.

Bien qu'aux sources elles soient généralement bues par doses de deux et même trois litres dans la matinée, il n'y a aucun inconvénient à les administrer à des doses moindres, surtout au début d'un traitement. Il arrive souvent que l'estomac des malades a perdu de son aptitude digestive, il paraît alors assez rationnel de n'arriver que progressivement à des ingestions d'eaux minérales, dont de fortes doses compromettraient, au début du traitement, le succès qu'on en espère. Cette précaution, excellente pour tous les malades, est surtout rigoureusement nécessaire quand il s'agit de femmes ou d'enfants d'une organisation plus délicate et plus irritable.

Aux sources, la durée ordinaire du traitement est de dix jours, pendant lesquels on boit communément de vingt-quatre à trente litres d'eau minérale, dont six litres environ de la source forte. Il n'y a pas d'inconvénient, selon nous, à boire moins à la fois et plus long-temps : l'effet est plus lent, mais aussi sûr, et, dans tous les cas, on n'a point à redouter les tiraillements d'estomac, et même les vomissements qui accompagnent d'ordinaire l'usage excessif de toute espèce d'eaux minérales.

L'opinion de MM. Murat et de quelques vieux praticiens du pays est que, si les eaux passent difficilement, c'est que l'estomac n'est pas assez excité. Ils conseillent alors de boire quelques verres de plus de la source haute, ou d'ajouter à l'eau de la source basse quelques gros de sel d'Epsom ou de Glauber.

Nous sommes loin de partager cet avis. Quand il y a malaise, anxiété chez les buveurs, une superpurgation ne peut que favoriser le développement inflammatoire de la muqueuse digestive, et dans ce cas, au lieu d'augmenter l'action purgative des eaux, il nous semble plus logique et plus sage d'en atténuer les effets, soit en diminuant la dose, soit ainsi que nous l'avons énoncé, en la mitigeant par l'adjonction de bouillon de poulet ou d'eau d'orge. L'expérience confirme chaque jour l'opportunité d'une semblable pratique.

Le régime des buveurs qui fréquentent les sources de Cransac est simple et facile à suivre. Des viandes grillées ou rôties, quelques légumes frais composent le déjeûner qui se prend ordinairement à onze heures ; le repas du soir est un peu moins substantiel, afin que la digestion ne soit pas troublée pour recommencer le lendemain matin l'usage des eaux. Le pays de Cransac offre sous ce rapport toutes les ressources désirables ; la volaille et le gibier n'y sont pas rares ; on y élève des moutons renommés à cause de leur chair parfumée par les herbes odoriférantes que les troupeaux paissent dans la montagne ; le Lot fournit des truites excellentes. Le vin ordinaire y est agréable à boire.

La promenade est, comme on sait, une distraction aussi familière qu'utile aux buveurs. Les environs de Cransac, dont nous avons présenté une rapide esquisse, offrent des sites admirables à voir ; le voisinage de Decazeville et des autres usines, les mines de charbon et de fer, les rives du Lot, les charmantes vallées qui mènent à cette rivière promettent des petites courses qui, faites à propos, entre les deux repas de la journée, ne peuvent que flatter la curiosité des visiteurs, tout en exerçant une influence heureuse sur la santé des malades.

CHAPITRE IV.

Des étuves de Cransac et de leur usage.

Nous avons parlé de ces excavations souterraines pratiquées dans la montagne embrâsée, auxquelles on a donné le nom d'Etuves. Avant de nous occuper de leur utilité, nous devons dire un mot de leur formation.

Elles sont chauffées par les feux volcaniques qui consument, depuis des siècles, les montagnes houillères de la vallée d'Aubin. C'est à la décomposition des pyrites exposées au contact de l'air que sont dus ces embrâsements spontanés. Pour construire une étuve, tout l'art consiste à choisir un des points de la montagne où le feu soit assez rapproché de la surface pour qu'en creusant à quelques centimètres de profondeur un petit conduit, on puisse se procurer un degré suffisant de chaleur, sans qu'aucune gerçure de la terre ne donne passage à la fumée, ce qui incommoderait les malades.

Les vapeurs qui remplissent la boîte des étuves sont fortement imprégnées d'émanations sulfureuses, dont on appréciera l'action physiologique quand on connaîtra la nature des terrains qu'elles traversent. En voici l'analyse consignée dans le premier volume des *Mémoires de la Société des lettres, sciences et arts* de l'Aveyron, et due à M. Guillemin, l'un des ingénieurs les plus distingués qu'ait eus la compagnie des fonderies de l'Aveyron.

Sulfate d'alumine neutre et sec. .	36,54
— de peroxyde de fer.	6 »
— de manganèse, traces. . .	» »
— de magnésie.	5,46
— de potasse.	» 26
Acide sulfurique, excès.	» 48
Eau de cristallisation et humidité.	45,40
Résidu terreux insoluble dans l'eau	4,20

Une quantité considérable de soufre sublimé se dépose sur les bords des crevasses de la montagne et sur les parois de la fosse des étuves.

M. Poumarède, l'un des auteurs de l'analyse des eaux, a constaté la présence du gaz sulfureux, chlorydrique et carbonique sur quelques points de la montagne brûlante.

Cette richesse de vapeurs sulfureuses explique l'efficacité des Etuves dans une foule d'affections qui ont résisté aux traitements ordinaires.

Les rhumatismes, les affections cutanées rebelles, les tumeurs blanches, surtout celles de nature scrofuleuse, sont heureusement combattues par l'usage des étuves naturelles. Cette année, M. le médecin inspecteur de l'établissement a constaté leurs effets salutaires dans plusieurs cas de métastases viscérales, rebelles jusqu'alors à l'action de tous les moyens thérapeutiques.

D'ordinaire, on fait précéder l'entrée des malades aux étuves, de l'usage des eaux minérales ; cette mesure paraît sage, car elle peut prévenir la répercussion des maladies que l'on cherche à combattre. Une chose digne de remarque, c'est que malgré les abondantes transpirations que le malade éprouve dans la boîte de l'étuve, il ne subit, à la fin du traitement, aucune diminution dans ses forces. « Les malades les plus ignorants, dit M. V. Murat, ont remarqué que non seulement les étuves les délivrent de leurs affections rhumatismales, mais encore qu'elles les fortifient contre l'action des causes du rhumatisme. Cette opinion, qui est générale parmi les malades qui fréquentent nos étuves, explique l'habitude où sont un très grand nombre d'entr'eux de s'y rendre après leur guérison, tous les deux ou trois ans, et cela pendant tout le reste de leur vie. »

M. Murat, dans son *Traité des eaux de Cransac*, et M. Théodore Auzouy, fils de M. l'inspecteur, dans la thèse qu'il soutint le 17 juillet 1843, devant la Faculté de Paris, rapportent plusieurs observations de malades atteints de rhumatismes, tumeur blanche, etc., guéris par l'usage des étuves. Nous regrettons que les limites de cette *Notice* ne nous permettent pas de les reproduire.

La saison des étuves dure depuis le 15 juin jusqu'au 15 septembre.

Ces étuves, autrefois malpropres, sont mieux tenues aujourd'hui ; mais il manque encore un bâtiment adjacent dans lequel les malades puissent trouver un bon lit et au besoin quelques mets confortants. Cette amélioration indispensable devra se relier avec le plan général des constructions projetées pour la régénération de l'établissement.

CHAPITRE V.

De l'usage qui peut être fait des eaux toxiques.

Nous avons eu occasion de dire un mot des eaux *toxiques* de Cransac. Elles doivent leurs propriétés malfaisantes à la surabondance des sels de sesqui-oxide de fer. Elles sont rigoureusement proscrites de tout usage interne; il n'en a jamais été et n'en sera jamais exporté. Cependant, elles ne sont pas sans importance, ni dénuées de toute utilité. On les emploie avec succès en lotions contre des ulcères atoniques, variqueux, scorbutiques, etc. Pendant que les sources médicinales offrent aux buveurs atteints de ces maladies un traitement interne, les eaux *toxiques* agissent à l'extérieur avec une énergie non moins précieuse. Sous l'influence combinée des bains et des lotions, les ulcères changent de nature, l'aspect en devient meilleur, les bourgeons charnus se développent, les bords calleux s'affaissent et se dépriment : en un mot, la guérison s'effectue avec le cortége des phénomènes ordinaires. M. Auzouy a recueilli plusieurs observations de ce genre ; d'autres praticiens de la contrée, que nous avons eu l'occasion d'interroger à ce sujet, ont pleinement confirmé les déclarations de M. l'inspecteur : il y a donc là un champ encore fertile en exploration, et l'expérience ne peut tarder à fixer positivement l'opinion médicale.

Il serait à désirer qu'on utilisât les deux sources douces Richard et Bezelgues, dont on ne se sert que pour laver les bouteilles, et la source *toxique* pour alimenter des bains qu'on chaufferait facilement, et à peu de frais, avec la houille extraite sur place.

L'analyse chimique de ces différentes sources permet d'espérer que leur action extérieure ne pourrait que favoriser l'effet curatif des sources médicinales. Dans tous les cas, quelques baignoires, alimentées seulement par les deux sources douces, offriraient aux visiteurs de Cransac des moyens d'hygiène et de propreté que tout le monde accepterait avec empressement, et dont chacun userait avec plaisir.

CHAPITRE VI.

Propriétés médicales des eaux minérales de Cransac.

Les propriétés médicales des eaux de Cransac ont été reconnues de tous temps. Aux quinzième et seizième siècles, elles avaient, à Paris, une vogue extraordinaire, ainsi que nous l'assure le chevalier de Jaucourt. (*Encyclopédie de Diderot*, t. IX, pag. 857.) Le professeur Alibert écrivait, en 1808, dans son *Précis sur les eaux minérales :*

« Les eaux de Cransac sont administrées avec beaucoup de succès dans les engorgements abdominaux, l'aménorrhée accompagnée d'un état de langueur, les fièvres quartes splanchniques, etc. »

En l'an XIII, B. Murat, dont nous avons eu déjà l'occasion de parler, traita plus amplement des propriétés médicales des eaux de Cransac. C'était un praticien d'un mérite éminent qu'on venait consulter de très loin. Il était inspecteur de l'établissement et domicilié à Aubin; ses observations, dont il pouvait chaque jour vérifier la justesse, offrent donc un cachet de véracité incontestable, et nos lecteurs nous pardonneront de rapporter quelques passages de cet écrivain, dont le style médical n'a peut-être pas le vernis de la science actuelle, mais qui, malgré ses expressions un peu vieillies, doit être considéré encore de nos jours comme une autorité en pareille matière.

« Le nombre des buveurs, dit-il, qui font usage des eaux de Cransac, est tous les ans de 5 à 6,000 individus. Ce nombre augmente lorsqu'il se déclare des fièvres bilieuses, putrides, des dissenteries épidémiques. C'est dans le cas de ces maladies imminentes qu'on peut assurer que les eaux de Cransac réussissent comme prophylactiques.

» Alternées avec les émétiques, les apéritifs, les sudorifiques, les fébrifuges, selon les indications; modifiées par les adoucissants, les sédatifs, les antipasmodiques, à diverses doses, selon les divers degrés d'irritabilité et de spasme; combinées avec les toniques d'énergie graduée dans l'affaiblissement, l'atonie des solides, elles remédient à des maux contre lesquels on a éprouvé l'insuffisance de ces divers remèdes pris isolément.

» Contre les fièvres intermittentes, atoniques prolongées, ou après des récidives nombreuses, lorsque, sans épanchement, sans lésion organique grave, il y a une faiblesse générale du système, particulièrement de l'estomac, avec diminution ou perte d'appétit, flatulences, nausées et même vomissements ; le quina et autres fébrifuges ayant plusieurs fois échoué, les eaux de Cransac sont réputées si salutaires, qu'un grand nombre de malades, dans ce cas, y accourent sans se donner la peine de se consulter, et n'ont, la plupart du temps, besoin d'autre remède.

» Dans les affections cutanées chroniques, effet d'un mouvement dépuratoire qui a déposé sur la peau des matières âcres préexistantes dans les sucs biliaires, les eaux de Cransac concourrent à débarrasser les conduits biliaires, à exciter l'action du foie ; dans les mêmes maladies dépendantes, chez les femmes, de la cacochimie laiteuse, lorsqu'il paraît des croûtes de lait, diverses espèces de teignes ou éruptions herpétiques, elles aident à compléter la cure.»

L'honorable confrère, parcourant ainsi la

série des nombreuses infirmités humaines qui peuvent être guéries par les eaux de Cransac, les décrit successivement avec le même soin et la même originalité de langage. Nous allons tâcher d'en présenter un tableau moins pittoresque sans doute, mais plus en harmonie avec les idées médicales qui règnent aujourd'hui.

Les eaux de la source basse sont utiles,
1.º toutes les fois qu'il s'agit d'exercer sur la muqueuse intestinale une stimulation douce et continue qui réveille et rétablisse le travail de la digestion et fortifie l'estomac;

2.º Lorsqu'il y a indication d'activer les diverses sécrétions qui sont momentanément arrêtées ou diminuées. C'est ainsi que les sécrétions de la bile et des urines augmentent d'une manière sensible dès les premiers jours de traitement;

3.º Lorsqu'il s'agit de prévenir ou de combattre une métastase quelconque;

4.º Lorsqu'il est nécessaire de rendre au sang appauvri la richesse animale qui lui manque, les eaux de Cransac font merveille, et cela se comprend sans peine; saturées de sels de fer, elles rendent au sang des malades les parties qui lui manquent, tout en tonifiant le reste de l'économie;

5.° Ces eaux jouissent à un très haut degré de la propriété de débarrasser les voies digestives de tout embarras saburral, et des vers qui ne sont le plus ordinairement produits que par les saburres. Cette année, plusieurs tœnias ont été complètement expulsés par l'usage des eaux de la source basse, aidées de quelques verres de la source haute.

L'eau de cette dernière source convient spécialement dans les cas où il faut tonifier un ou plusieurs organes; elle arrête les diarrhées anémiques, les hémorragies passives, les écoulements leucorrhéiques des femmes, les gonorrhées chroniques; elle résout les engorgements non accompagnés de fièvre, etc., etc.

Pour nous résumer en termes que tout le monde comprendra, les eaux de Cransac sont fortifiantes et purgatives. Toutes les maladies qui épuisent, sans être accompagnées de fièvre continue, qui troublent les digestions, qui causent des embarras et des obstructions, tous ces écoulements, si communs et si dangereux chez les femmes dont l'estomac est à chaque instant tiraillé par des douleurs dont ces écoulements sont la cause, qu'ils soient sanguins ou leucorrhéiques, toutes ces maladies, disons-nous, disparaissent ou s'améliorent par l'usage des eaux de Cransac. Les scrofules, le scorbut, les maladies de peau accompagnées de débilité générale et dues à ce qu'on nomme vulgairement *âcreté de sang*, les tumeurs blanches des articulations rentrent dans la catégorie des affections accessibles à l'action curative de ces eaux minérales. Des expériences récentes et pratiquées simultanément par plusieurs de nos confrères, attestent que les maladies nerveuses, telles que l'hystérie, les gastralgies, les névralgies périodiques sont avantageusement modifiées par les eaux de Cransac. Elles sont encore employées comme un dérivatif puissant contre les rhumatismes chroniques, quel qu'en soit le siége; des otites purulentes, des ophtalmies rebelles, des ulcères invétérés ont souvent cédé à l'emploi de ce moyen.

Depuis quelques années, plusieurs paralytiques, à la suite d'apoplexies, sont venus à Cransac trouver un soulagement que quelques-uns d'entr'eux étaient allés vainement chercher à Balaruc, dont les sources sont préconisées en pareil cas. Nous avons expérimenté, dans notre pratique particulière, l'effet des eaux de la source basse, qui seules conviennent en pareille circonstance, et nous affirmons en avoir obtenu des avantages remarquables. A l'heure où nous écrivons, trois apoplectiques, madame Mass....., âgée de 53 ans, M. le comte de la Pan....., âgé de 73 ans, et M. Leconte, ancien munitionnaire de l'armée, âgé de 77 ans, tous trois domiciliés à Blois, font un usage journalier des eaux de la source basse et s'en trouvent admirablement. Chez tous, les tintements d'oreille, la somnolence, l'engourdissement des membres, la difficulté de la prononciation, en un mot, tous les symptômes concomitants d'un état apoplectique, ont ou totalement disparu ou sensiblement diminué. Malgré l'effet purgatif du remède, ils se disent plus forts et le prouvent assez par les petites promenades que chacun d'eux se permet et dont ils étaient sevrés depuis long-temps.

M. le docteur Bras, médecin en chef de l'hôpital de Villefranche, se livre depuis plusieurs années à des expériences sur les divers effets curatifs des eaux de Cransac. Nous avons sous les yeux un rapport daté du 2 novembre 1846, et dans lequel nous copions textuellement les lignes suivantes :

« Les eaux de Cransac sont d'une efficacité
» certaine contre les fièvres intermittentes re-

» belles, maltraitées dès le début ou qui ont
» résisté au quinquina, ainsi que contre les
» engorgements chroniques des viscères abdo-
» minaux, suite de ces fièvres. Nous avons été à
» même de nous convaincre de cette vérité, soit
» dans notre pratique civile, soit dans notre
» service à l'hospice de Villefranche, sur un
» grand nombre de militaires venus d'Afrique,
» porteurs pour la plupart d'énormes engorge-
» ments de la rate et du foie. C'est surtout en
» raison de cette action anti-périodique et ré-
» solutive que les eaux de Cransac sont intéres-
» santes. Ces précieuses qualités leur assurent
» un avenir des plus brillants, et elles ne tar-
» deront pas à les élever au rang qu'elles sont
» destinées à occuper parmi les eaux minérales
» les plus utiles de la France. »

C'est en raison de cette spécialité bien reconnue contre les fièvres rebelles, que le conseil général de l'Aveyron a exprimé le vœu qu'il soit fondé, à Cransac, un hôpital militaire.

Cet appel a été entendu, et sur la demande de M. le ministre de la guerre l'on a recueilli, sur la localité, des renseignements propres à éclairer le conseil de santé de l'armée qui, nous en avons la certitude, s'empressera de donner un avis favorable*.

---

* Cet avis a été officiellement transmis par M. le ministre de la guerre, à MM. de Seraincourt et Ducoux, qui, pour hâter l'accomplissement des vœux du conseil général, avaient offert de bâtir à leurs frais l'hôpital militaire, à la seule condition que le gouvernement s'engageât à le peupler chaque année de soldats malades. L'annexe projetée d'un établissement militaire à Vichy, et la récente création d'Amélie-les-Bains, n'ont pas permis à M. le ministre d'accepter ces propositions. Voici sa réponse :

Paris, 22 mars 1847.

Messieurs,

« J'ai reçu la lettre que vous m'avez fait l'honneur de m'écrire, le
» 10 mars courant, au sujet de la création d'un hôpital militaire ther-
» mal à Cransac.
» Le conseil de santé des armées, que j'ai consulté, par suite du
» vœu qu'à émis à cet égard le conseil général du département de
» l'Aveyron, dans sa séance du 17 septembre 1846, m'a fait connaître
» que *l'efficacité des eaux de Cransac, pour le traitement de certaines*
» *maladies, est réelle*, mais que les établissements d'eaux minérales,
» dans lesquels sont actuellement traités nos soldats malades, ainsi
» que la création prochaine de l'hôpital thermal de Vichy, répondaient
» pleinement à tous les besoins du service. »

Recevez, etc.   *Le pair de France*, *etc.*, *etc.*

Signé : MOLINE SAINT-YON.

Nous n'hésitons pas à affirmer que la spécialité des eaux de Cransac, contre les fièvres rebelles et les engorgements viscéraux qui dominent parmi les malades de notre armée d'Afrique, décidera prochainement l'administration supérieure de la guerre à demander elle-même ce qu'elle a cru pouvoir refuser. Car il n'existe aucun établissement minéral militaire qui puisse remplacer celui de Cransac. Nous n'entendons certes pas infirmer le mérite des autres sources. Ce serait une hérésie médicale et une grossière calomnie ; mais, nous le répétons, aucune des eaux minérales, adoptées par l'État, ne possède les propriétés particulières aux eaux de Cransac de couper les fièvres, de résoudre les engorgements et de tonifier rapidement tout l'organisme.

(*Note de l'auteur.*)

Le conseil de santé supérieur de la marine royale ne manquera pas de suivre cet exemple ; car les hôpitaux militaires et maritimes sont encombrés de malheureux soldats ou marins dont les constitutions robustes s'éteignent, faute d'un remède spécial contre les terribles fièvres miasmatiques qu'ils sont allés contracter au service de la patrie, dans des climats lointains et meurtriers. Nous qui avons, pendant plusieurs années consécutives, cherché à utiliser notre art, dans les rangs de l'armée, sous le ciel torride des Indes-Occidentales et dans les divers camps de l'Algérie, nous nous sentons dominé par la vivacité de nos souvenirs en écrivant ces lignes. Nous avons essayé, dans un précédent ouvrage, de décrire les affreux ravages que la fièvre exerce chaque année dans les rangs de notre armée d'Afrique, si brave et si résignée. Nous n'avons pu que déplorer l'insuffisance des ressources accordées aux chirurgiens militaires et l'impuissance de l'art ; mais combien nous serions récompensé de nos efforts si, dans cet empressement général que chacun met à chercher des moyens de secourir ceux qui souffrent, nous pouvions espérer une modeste part à la reconnaissance des pauvres soldats. Si l'expérience que nous réclamons sur une plus grande échelle, confirme nos vœux et réalise notre attente, ce ne serait pas seulement la France qui gagnerait, par cette découverte, la conservation de plusieurs milliers de courageux défenseurs. Toutes les nations dont les soldats et les citoyens vont au loin conquérir, défendre ou coloniser des champs inhospitaliers, les Anglais dans les Indes, les Hollandais à Java, nos compatriotes aux Antilles, à Cayenne, à Sainte-Marie, les Américains du nord et du sud, toute l'humanité, en un mot, bénirait une découverte qui la garantirait d'un ennemi cent fois plus meurtrier que le canon des batailles, que le yatagan du bédouin, ou que la zagaie du sauvage.

Nous en appelons à nos excellents confrères et anciens camarades de l'armée et de la marine royale. Nous invoquons surtout les souvenirs de ceux qui ont traversé avec nous les épidémies périodiques qui, chaque année, déciment les corps d'occupation de l'Algérie. Combien de fois n'avons-nous pas ensemble gémi de voir des régiments presque entiers disparaître, sans que le dévouement le plus absolu pût diminuer, même insensiblement, le chiffre de nos pertes ?

Les pauvres malades qu'on parvenait à embarquer, un moment surexcités par le bonheur et l'espoir de revoir la mère-patrie, semblaient renaître pour aller périr d'épuisement dans les hôpitaux de France ou dans leurs foyers domestiques. Des altérations organiques, dont les plus ordinaires sont des maladies du foie, de la rate, acquièrent, en effet, par suite des fièvres paludéennes d'Afrique, une telle gravité, que jusqu'à présent on a perdu plus des deux tiers des malades, et que le tiers survivant ne parvient jamais à recouvrer une santé complète.

L'armée anglaise, dans les Indes, présente le même tableau; il est peut-être plus affligeant encore! Eh bien! en présence de tant de malheurs à prévenir, de tant d'infortunes à soulager, n'y aurait-il pas, nous le demandons, plus que de l'inhumanité à négliger les expériences qui semblent promettre de si beaux résultats? Aussi, sommes-nous entièrement rassuré sur les conséquences que doit avoir le vœu si humainement réitéré par le conseil général de l'Aveyron; et, avant peu, la science aura prononcé sur des faits qui, pour nous, sont déjà positifs, mais qui doivent acquérir pour tous une évidence telle, que personne ne puisse en suspecter la valeur.

Il existe en France une foule de contrées dans lesquelles la fièvre est, pour ainsi dire, passée à l'état normal. Les étangs de la Sologne, les marais salins, le littoral de la Méditerranée, le bassin de la Charente et plusieurs autres lieux, sont, chaque année, le théâtre d'épidémies de fièvres qui condamnent à une mort prématurée les malheureux habitants de ces contrées. La première indication à remplir dans le traitement de ces maladies serait, sans aucun doute, de soustraire le malade à la continuité des causes morbifères qui ont altéré sa santé. Par malheur, la plupart de ces malheureux sont rivés au sol par leurs intérêts matériels qu'il est impossible de transporter ailleurs.

A défaut d'une guérison radicale, il faut donc se borner à neutraliser autant que possible les déplorables effets d'un séjour insalubre. L'usage répété des eaux de Cransac est, de tous les moyens, celui que l'expérience a démontré le plus énergique. Quelques bouteilles des sources basse et haute, prises chaque année à l'époque de la recrudescence épidémique, pourraient même devenir un excellent prophylactique. C'est à ce moyen qu'ont recours les habitants des rives du Lot, lors de l'apparition des dyssenteries épidémiques, et l'opinion générale de ce pays attribue à ces eaux des qualités préservatrices qu'il nous paraît rationnel de tenter partout où peuvent se manifester des maladies dont les effluves marécageuses développent les symptômes et favorisent les progrès.

Les hôpitaux de Paris, dans lesquels nous désirerions voir faire l'essai de ces eaux minérales, ainsi que nous avons eu l'honneur de le proposer à l'Académie de Médecine, ne renferment pas, nous le savons, beaucoup de malades atteints de ces désordres splanchniques, suites de fièvres intermittentes rebelles. Cet ordre d'affections morbides est peut-être le seul dont la capitale ait à bénir la rareté; mais en revanche, on y rencontre une foule de maladies scrofuleuses qui permettraient une expérimentation prompte et décisive. Les hôpitaux d'Afrique, de Marseille, de Toulon, de Brest, de Rochefort, serviraient à compléter le cadre des expériences. Les eaux de Cransac, soumises ainsi simultanément à l'observation des hommes de l'art, sur plusieurs points et dans plusieurs espèces de maladies, ne pourraient échapper à une appréciation consciencieuse, et la place qu'elles méritent réellement en thérapeutique leur serait justement accordée.

Cette simple Notice est surtout destinée à nos confrères ; c'est à eux que nous adressons nos observations ; c'est d'eux que nous attendons les secours nécessaires à l'accomplissement de l'œuvre que nous avons entreprise. Ce que nous voulons, c'est que la vérité surgisse ; nous appelons leur attention sur un agent thérapeutique nouveau pour la plupart d'entr'eux; car il n'existe pas, nous le répétons, de sources aussi richement minéralisées que celles de Cransac ; en outre, aucune, que nous sachions, n'a présenté encore de pareilles quantités de sulfate de manganèse. Ce sel est nouveau en thérapeutique; nous croyons pouvoir lui attribuer des propriétés toniques et astringentes ; toutefois, nous prions nos confrères de ne pas négliger de recueillir, dans leurs pratiques, toutes les observations susceptibles de jeter un nouveau jour sur les effets de cet agent minéral.

Nous pourrions relater ici un grand nombre d'observations recueillies par MM. les médecins-inspecteurs de l'établissement de Cransac, et dont quelques-unes sont consignées dans les écrits dont nous avons parlé; mais, outre que cette nouvelle publicité n'aurait rien ajouté aux conclusions de ces faits, nous n'avons pas voulu substituer l'expérience des autres à celle de nos confrères. Cependant, après avoir pu recueillir par nous-même, depuis la publication de la première édition de cette Notice, un assez grand nombre de faits, nous avons cru devoir en extraire quelques-uns que nos lecteurs trouveront au chapitre suivant. Des praticiens, dont le nom fait autorité dans la science, se livrent en ce moment aux mêmes expériences : la lumière ne peut donc tarder à surgir et la conscience de tous nos confrères sera largement éclairée. C'est en nous adressant aux sommités de l'art que nous avons voulu populariser un remède qui, nous en avons la conviction, est destiné à prendre un rang honorable dans l'échelle thérapeutique. Nous n'avons pas voulu surprendre, mais bien *convaincre*; c'est ainsi que nous comprenons la dignité de notre profession. En fait d'eaux minérales, les médecins acceptent trop facilement les impressions que leur laisse la publicité des annonces; on n'étudie pas assez la nature des eaux, on néglige de consulter leur analyse, et on s'expose ainsi à des résultats négatifs. Nous désirons une réforme, et nous serions heureux d'en hâter l'avènement.

Dans le cours de cet opuscule, nous avons eu

soin d'indiquer les cas dans lesquels l'usage des eaux de Cransac pouvait devenir dangereux. Pour éviter toute surprise, nous répéterons, en terminant cette Notice, qu'en raison de l'action puissante qu'elles exercent sur l'organisme, ces eaux, imprudemment administrées, exposeraient le malade aux plus graves accidents. Ainsi, le médecin doit en interdire l'usage dans toutes les phlegmasies aiguës et même chroniques, quand elles sont accompagnées de fièvre. Dans les fièvres rebelles, il faut les employer dans le moment d'apyrexie; c'est une condition rigoureuse que nous ne saurions trop recommander à nos confrères. Il y a aussi contr'indication évidente pour l'eau de la source haute dans toutes les maladies où domine la pléthore sanguine, dans les anévrismes, dans la phtisie, les suppurations internes; enfin, dans tous les cas où il serait imprudent d'augmenter l'activité du système circulatoire. Mais, nous ne saurions trop le redire; le malade ne doit point faire usage d'un remède aussi actif sans avoir, au préalable, consulté un médecin, qui est seul apte à juger de l'opportunité des eaux, du choix qui doit en être fait et de la manière dont elles doivent être administrées.

CHAPITRE VII.

Observations cliniques sur les effets curatifs des eaux minérales de Cransac.

Nous nous bornons à consigner ici quelques-unes des observations les plus récentes sur l'efficacité des eaux de Cransac, recueillies presque exclusivement dans notre pratique; les différents auteurs qui ont écrit avant nous sur le même objet ont publié une foule d'autres observations dont le seul défaut eût été de nous faire dépasser les bornes que nous avons voulu donner à cet ouvrage.

I.

Observation de guérison de la goutte, par l'usage des eaux de Cransac.

M. Picou, curé à Maurs, département du Cantal, âgé de quarante-neuf ans, d'une constitution robuste, tempérament sanguin, éprouva trois accès de goutte, en 1841, 1842 et 1843, à la même époque de l'année. Le dernier accès dura près d'un mois. La maladie s'est bornée chaque fois aux pieds, et a offert les caractères de la goutte la plus franche. M. Picou se rendit à Cransac dans l'été de 1844, avant l'époque ordinaire des accès, pour y prendre les eaux dont les bons effets sont incontestables, entre autres maladies, contre la goutte et les rhumatismes chroniques. Il fut facilement et abondamment purgé par leur usage. Dès cette année, l'attaque de goutte manqua complétement, et depuis, M. le curé n'a plus rien ressenti. Il a continué d'aller prendre les eaux en 1845 et 1846, pour consolider sa guérison qui est d'autant plus remarquable qu'il n'a rien changé à sa manière de vivre antérieure, qu'il a continué de se livrer aux exercices souvent fatigants de ses fonctions, à des voyages pendant la saison froide et humide; remaquable surtout en ce que la cause de la goutte paraissait être dans une disposition héréditaire, car plusieurs membres de sa famille ont été aussi atteints.

Attesté par nous, docteur en médecine, habitant à Maurs (Cantal).

Le 8 avril 1847.

Signé : CLARIS, *docteur-médecin.*

Je soussigné, curé de la ville de Maurs, ai l'honneur de certifier que les faits rapportés dans la présente-attestation sont de la plus rigoureuse exactitude.

Maurs, le 8 avril 1847.

Signé : PICOU, *curé.*

II.

Observation de guérison de gonorrhée chronique, par l'eau de la source haute.

Le 7 mars 1847, je reçus dans mon cabinet M. N.****, négociant à Blois, qui me déclara que, par suite d'un contact dont il soupçonnait la pureté, il éprouvait des douleurs cuisantes lors de l'émission des urines, et que depuis trois jours, il apercevait un *suintement* qui l'effrayait. L'examen de la partie malade me fit découvrir facilement une gonorrhée à l'état sur-aigu que, par malheur, M. N.*** avait communiquée à son épouse. J'employai, dès le principe, le traitement anti-phlogistique dans toute sa plénitude. Après la période d'acuité, je combattis l'écoulement par les dérivatifs ordinaires, tels que copahu et cubèbe ; ce dernier, administré en lavement. Il y eut une amélioration presque subite, mais de courte durée. Les douleurs urèthrales avaient disparu, mais l'écoulement persistait malgré les dérivatifs, et quelques injections dans le canal. Après six semaines de soins et d'efforts inutiles, par les moyens ordinaires, je soumis les époux N.*** à l'usage exclusif de l'eau de la source haute, administrée sous la forme ordinaire, à des doses qui varièrent de un à trois verres pris chaque matin à jeun. Huit jours suffirent à la parfaite disparition de tout écoulement chez le mari et sa dame. A l'heure où j'écris, la guérison s'est maintenue, et la dame me déclare qu'elle n'a même plus les fleurs blanches qui l'incommodaient parfois avant cette nouvelle affection.

III.

Observation de guérison de splénite chronique (engorgement de rate), par l'usage exclusif de l'eau de la source basse.

Au mois d'octobre 1846, je fus appelé près de madame Comp.***, de Blois, que j'avais eu déjà de fréquentes occasions de soigner, pour un engorgement ancien de la rate qui s'amendait momentanément sous l'influence des divers traitements que j'employais, mais qui reparaissait bien vite avec son cortége ordinaire de fièvres, de nausées, d'hypocondrie, etc., etc. La malade, jeune encore, quoique deux fois mère et d'une forte complexion, était bien réglée, les fonctions digestives s'exécutaient convenablement ; mais la moindre impression de froid, la moindre fatigue, le plus léger chagrin suffisaient pour produire vers l'organe atteint un afflux congestionnel qui nécessitait de nouveaux soins. Les diurétiques, les fondants et les toniques de toute espèce, avaient été, tour-à-tour, employés dans les divers traitements qu'elle avait subis, sans que leur action eût paru avoir sensiblement modifié le caractère de la maladie. Cette fois, après avoir combattu les premiers accidents inflammatoires, je songeai à essayer de l'eau douce de Cransac. Je l'administrai à dose progressive, variant de deux à quatre verres pris le matin à jeun, coupée avec du bouillon de poulet. Il y eut, dès le principe, une surabondance extraordinaire d'urine, les propriétés laxatives de l'eau minérale ne se manifestèrent que vers le troisième jour ; une purgation modérée de deux à trois selles par 24 heures s'établit alors et continua pendant huit jours. L'appétit était devenu extrême, la digestion rapide, la malade était dans un état d'animation générale, qui se réflétait sur son *faciès*, dont le teint jaunâtre avait fait place à une coloration prononcée. Le pouls était plein, sans dureté : les pulsations étaient parfaitement isochrones, bien qu'un peu plus fréquentes que dans l'état ordinaire. Dans la crainte d'une surexcitation trop vive, je fis suspendre l'usage de l'eau minérale, dont la dose était alors de quatre verres chaque matin ; je maintins la malade au régime alimentaire qu'elle avait suivi dès le premier jour de l'administration de l'eau de Cransac : Viandes grillées, bouillon gras, fécules, etc., etc. Après quatre jours de repos, Madame Comp.*** me supplia de lui laisser reprendre *ses chères eaux*, me disait-elle, qui devaient la guérir. J'y consentis ; la malade en but pendant quinze jours encore, et consomma seize bouteilles en tout. Non-seulement la rate n'était plus douloureuse, mais son volume avait extraordinairement diminué. Je la sentais à peine dépasser le rebord des fausses côtes, tandis que dans les convalescences précédentes, elle débordait moyennement de 6 à 7 centimètres. Depuis cette époque, la santé de madame Comp.*** a repris une vigueur exceptionnelle, et je ne rencontre pas mon ancienne malade, sans qu'elle me témoigne avec effusion sa reconnaissance. Elle veut absolument boire, par précaution, quelques bouteilles, pensant qu'elles seront pour elle un préservatif efficace ; je résisterai d'autant moins à ces désirs, que je regarde l'usage périodique de toute eau minérale, pendant les premiers temps qui suivent la guérison, comme le meilleur moyen d'en assurer la durée.

IV.

Observation de guérison de métrorragie (hémorragie de matrice); par l'usage de l'eau de la source haute.

Madame Mign***, de Blois, âgée de 22 ans, d'un tempérament lymphatique et nerveux, accoucha le 17 janvier 1846 d'une fille bien constituée qu'elle n'allaita point. Le 1.er janvier de l'année précédente, elle avait mis au monde un garçon d'une constitution excellente qu'elle n'avait point nourri. Ces deux accouchements si rapprochés l'un de l'autre l'avaient sensiblement affaiblie. Tous les soins nécessaires lui furent donnés, mais la malade, il faut le dire, ne se soumettait qu'imparfaitement à des prescriptions qui contrariaient ses habitudes. Il se déclara dès le mois de mars 1846 une hémorragie utérale qui occasionna en peu de jours un affaissement tel que la malade ne pouvait soutenir la position verticale, sans éprouver des défaillances. Déjà, lors de son premier accouchement, après la cessation des lochies, la menstruation s'était rétablie avec une abondance qui avait nécessité quelques précautions et qui céda d'autant mieux qu'une nouvelle grossesse vint d'elle-même arrêter le flux sanguin. Cette prédisposition aux métrorragies reparut après le deuxième accouchement, et cette fois, elle prit un caractère de continuité qui ne tarda pas à produire une prostration complète chez la malade. La position horizontale, le repos absolu, les astringents et réfrigérants de toute nature, les antispasmodiques, les toniques, etc., tout en un mot fut employé contre ces accidents qui disparaissaient momentanément pour se reproduire à intervalles inégaux avec une persistance qui me faisait craindre un dénouement fâcheux. A cette époque, je reçus deux caisses d'eaux minérales de Cransac; le cas que j'avais sous les yeux me semblait appartenir à la spécialité de la source haute ou forte. En effet, la malade était sans fièvre, l'hémorragie purement passive, n'était qu'un effet de l'anémie générale, et les propriétés toniques de l'eau de Cransac devaient se révéler, en pareille circonstance, dans toute leur énergie. J'ordonnai donc une demi-bouteille à prendre chaque matin, à jeun, par demi-verre coupé avec du bouillon froid. L'effet dépassa mon attente. Dès le second jour, l'hémorragie avait sensiblement diminué et le troisième jour elle disparut complètement. Je fis néanmoins continuer l'usage de l'eau minérale jusqu'au sixième jour ; mais alors je dus l'interrompre, car la malade décélait une surexcitation générale. Après deux jours d'interruption, je fis recommencer à dose décroissante. Le neuvième jour, la malade se leva malgré ma défense, et prétendit ne s'en trouver que mieux. Depuis cette époque, la santé de madame Mign*** est plus florissante que jamais. La menstruation s'est rétablie avec une régularité parfaite, l'appétit s'est relevé dès les premiers jours et a continué peut-être avec trop de vigueur : la digestion n'a pas cessé d'être parfaite; en un mot, la guérison est aussi complète que possible, et aujourd'hui, 17 mai 1847, rien ne fait craindre le retour des anciens accidents. Le sulfate de manganèse m paraît avoir été l'agent spécial de la guérison, car tous les ferrugineux avaient été préalablement et toujours inefficacement employés.

V.

Deuxième observation de guérison de métrorragie.

Le 29 novembre 1846, je fus appelé par le sieur Joli-Martin, propriétaire au hameau de Thoizie, commune de La Chapelle-Vendômoise, à 14 kilomètres de Blois, pour voir sa femme qui se *perdait*, me disait-il, par le sang. Cette femme, mariée depuis *cinq* mois seulement, était âgée de 21 ans. Elle me parut être d'une forte constitution et d'un tempérament bilioso-sanguin. Depuis neuf jours elle était atteinte d'une métrorragie abondante. Cette hémorragie, survenue après deux mois d'absence des règles, fut attribuée par sa famille et la par matronne de la commune à une fausse couche, qu'il me fut impossible de constater, car on n'avait pas conservé les *linges* et je ne pus obtenir de renseignements précis à cet égard. Seulement, on avait cru devoir attendre le neuvième jour, avant d'avoir recours au médecin, d'après une tradition superstitieusement recueillie dans les campagnes, et qui fait croire qu'il faut respecter pendant neuf jours tout écoulement utéral. Ce chiffre 9 est un nombre cabalistique qu'on retrouve fortement accrédité dans les croyances populaires et qui a causé déjà bien des accidents funestes. Jusqu'à mon arrivée, la malade avait pris régulièrement du bouillon gras et s'était levée quelques instants dans la journée pour qu'on pût faire son lit. Aucun médicament n'avait été administré, son pouls était régulier, l'état de la peau normal. Vers le soir, me dit-on, il se manifestait une légère coloration de la face, mais l'*estomac*, disaient les parents, *est toujours bon*. Je prescrivis immédiatement l'eau de Cransac, source haute, à la dose d'une demi-bouteille prise chaque matin à jeun, par demi-verre et avec du bouillon froid. Deux bouteilles suffirent pour arrêter complètement l'hémorragie, qui n'a plus reparu. J'ai eu occasion de voir plusieurs fois cette femme, en allant visiter d'autres malades ; elle a repris sa fraîcheur habituelle, et ne s'est jamais mieux portée.

VI.

Observation de fièvre intermittente rebelle, guérie par l'usage des eaux des sources haute et basse de Cransac.

Le 11 février dernier, je fus consulté par M***, propriétaire, domicilié dans la commune d'Onzain (Loir-et-Cher), pour des fièvres intermittentes rebelles, qui dataient de quatorze mois, et auxquelles on avait opposé jusqu'alors tous les anti-périodiques imaginables, à toutes les doses et sous toutes les formes. Le malade était âgé de quarante-trois ans, d'une constitution vigoureuse, d'un tempérament bilioso-sanguin. Son teint, autrefois vermeil, me dit-il, était alors jaune, bistré. Un empâtement manifeste existait dans les régions de la rate et du foie; la digestion était irrégulière; quelquefois le malade recouvrait un appétit extrême, puis l'anorexie, le dégoût succédaient à cet état. Le reste du tube digestif participait à cette irrégularité fonctionnelle : tantôt il y avait constipation, tantôt diarrhée. Du reste, cet état pathologique était parfaitement révélé par l'aspect de la langue un peu pointue, rougeâtre sur ses bords et saburrale au centre et à sa base.

Je prescrivis l'eau de Cransac, source basse, à la dose de deux à quatre verres le matin, et l'eau de la source haute à la dose d'un verre seulement, toutes deux pures ou mitigées, au choix du malade. Lors de ma consultation, la fièvre présentait le type quarte; le malade était au lendemain de l'accès, qui avait lieu le soir à sept heures. Dix jours après, je revis M*** qui me déclara que depuis sa première visite, il n'avait eu qu'un accès, mais tellement faible qu'il n'avait même pas eu besoin de se coucher; les deux autres accès avaient complètement manqué. Il urinait beaucoup, avait toujours faim et *sentait revenir ses forces*. Il buvait alors une bouteille de source basse et deux verres de source haute chaque matin, sans aucun mélange, se nourrissait de viandes rôties, de bouillon de bœuf; il continua son régime alimentaire et l'usage de l'eau de Cransac jusqu'au 7 mars, époque à laquelle il cessa tout traitement. Avant de consigner cette observation, 22 mai, j'ai voulu revoir cet ancien malade, jamais il ne s'est mieux porté.

CATALOGUE

DES OUVRAGES QUI TRAITENT DES EAUX MINÉRALES DE CRANSAC (Aveyron).

1. Bance, médecin. Moulins, 1605.
2. Mathurin Dissès ; Les vertus et analyse des eaux de Cransac ; vertu et usage des étuves. Villefranche, 1686.
3. Claude Desbruyères, médecin. Villefranche-de-Rouergue, 1646.
4. Recueil des Mémoires des Intendants. Généralité de Montauban. Election de Villefranche. Paris, 1698.
5. Grandsaigne : Description des villages, montagnes et étuves de Cransac ; analyse des eaux. Villefranche, 1700.
6. Jean-Joseph Gally-L'Artigue : Traité nouveau et curieux des eaux minérales de Cransac, où l'on démontre par un grand nombre d'expériences la nature et les qualités merveilleuses des eaux pour la guérison de plusieurs maladies. Rodez, 1732.
7. James Jaumet, traduit de l'anglais. Paris, 1747.
8. Piganiol de la Force : Description de la France. 1754.
9. Raulin : Traité des eaux minérales de Cransac. Paris, 1775.
10. Chevalier de Jaucourt : Encyclopédie de Diderot. t. IX, p. 857.
11. Lémery : Histoire de l'Académie des Sciences.
12. Bosc : Histoire de Rouergue. Rodez, 1797.
13. Murat : Topographie physique et médicale du territoire d'Aubin, et Analyse des eaux minérales de Cransac ; imprimé par ordre de M. le préfet de l'Aveyron. Rodez, an XIII.
14. Buch'oz : Dictionnaire hydrologique de France.
15. Geoffroy : De aquarum medicatarum Galliæ naturâ, viribus et usu, Tractatio.
16. Bouillon-Lagrange : Essai sur les eaux minérales naturelles. Paris, 1811.
17. Portal, 1812.

18. VAUQUELIN : Analyse des eaux de Cransac, 1812.
19. FATISSIER : Manuel des eaux minérales de France. 1823.
20. JULIA FONTENELLE : Manuel portatif des eaux minérales les plus utiles en boisson. Paris, 1825.
21. ALIBERT : Précis historique sur les eaux minérales les plus usitées en médecine. Paris, 1826.
22. CHEVALIER et RICHARD : Dictionnaire d'histoire médicale. Paris, 1827.
23. DELENS et MÉRAT : Dictionnaire universel de thérapeutique.
24. BOURDON (ISID.) : Guide aux eaux minérales de France et d'Allemagne. Paris, 1834 et 1837.
25. CARRÈRE : Catalogue raisonné des ouvrages publiés sur les eaux minérales naturelles.
26. GUILLEMIN : Mémoires de la Société des Lettres et Sciences de l'Aveyron. Rodez.
27. O. HENRY, chef des travaux chimiques de l'Académie royale de médecine, et
28. POUMARÈDE, préparateur au laboratoire de l'Académie royale de Médecine. Analyse chimique des eaux minérales ferro-manganésiennes de Cransac (Aveyron). Paris, 1840 et 1846, Bulletin de l'Académie royale de Médecine, tomes V et XI.
29. J.-F.-V. MURAT : Traité sur la nature et la propriété des eaux minérales et étuves de Cransac ; 3.e édit. Rodez. 1843.
30. Théodore AUZOUY : Thèse pour le doctorat en médecine. Paris, 17 juillet 1843.
31. BRAS, médecin de l'hôpital de Villefranche : Notice sur les eaux minérales naturelles de Cransac. 1846.
32. DUCOUX (de Blois) D.-M. : Notice sur les eaux minérales naturelles de Cransac (Aveyron). Eaux ferro-manganésiennes et calcaréo-manganésiennes, sulfatées. Paris, 1847. Cet ouvrage est traduit en anglais.
33. D.r GENDRIN, médecin de l'hôpital de la Pitié : Lettre à M. le D.r Ducoux sur les propriétés des eaux minérales ferro-manganésiennes et magnésio-calcaires de Cransac (Aveyron). Paris, 1847.

TABLE DES MATIÈRES.

Itinéraire. 3
Considérations générales. 5
Topographie de Cransac et de ses environs. . . 9
Histoire et analyse des sources minérales de
   Cransac. 21
Action physiologique des eaux minérales de
   Cransac. 41
Des étuves de Cransac et de leur usage. 49
De l'usage qui peut être fait des eaux toxiques. . 53
Propriétés médicales des eaux minérales de
   Cransac. 55
Observations cliniques sur l'effet des eaux mi-
   nérales de Cransac. 72
Catalogue des ouvrages qui traitent des eaux
   minérales de Cransac. 79

www.ingramcontent.com/pod-product-compliance
Lightning Source LLC
LaVergne TN
LVHW050617090426
835512LV00008B/1541